A LA MÉMOIRE DE

MARIE ROCHEGROSSE

MARIE ROCHEGROSSE

A LA MÉMOIRE DE
MARIE ROCHEGROSSE

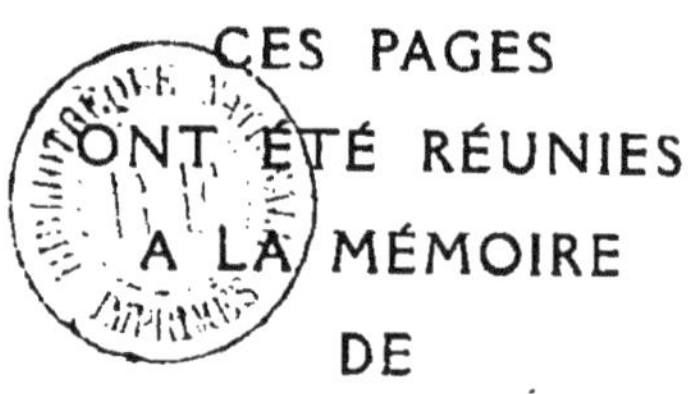

CES PAGES

ONT ÉTÉ RÉUNIES

A LA MÉMOIRE

DE

MARIE ROCHEGROSSE

MORTE A EL BIAR

LE 5 MAI 1920

ON ne rencontre pas plus de trois ou quatre femmes exceptionnelles dans sa vie. Par exceptionnelles, j'entends les femmes dont toutes les particularités peuvent être réellement traitées d'exception et tranchent sur le fond uniforme de l'humanité. Sans quoi, nombreuses sont celles dont quelque mérite rare, quelque vertu haute ou primordiale font à nos yeux des êtres nimbés de je ne sais quelle auréole magique, au charme ou à l'attirance de laquelle on ne résiste pas : mais encore faut-il les approfondir, car, la plupart du temps des caractères généraux les rapprochent de leurs pareilles, et c'est à l'analyse qu'on découvre peu à peu les raisons secrètes que nous avons de les admirer. Rares sont celles qui s'imposent du premier coup à notre ravis-

sement ou à notre étonnement par une accu-
mulation de signes particuliers, aussi bien dans
leur façon de penser que dans leur façon de
vivre et de s'extérioriser. Alors elles sont
grandes à l'égal d'un site naturel ; nous ne les
regardons pas, nous les contemplons.

Celle qui n'est plus et qui répondait au simple
nom de Marie dont elle avait fait Meryem

> « Les doux noms que Marthe et Marie ;
> Les doux mots que morte et passée ».

est une des trois ou quatre femmes étonnantes
que j'ai rencontrées.

Quand je pense à la banalité courante de
certaines créatures au souvenir desquelles des
générations de poètes ont accroché des guir-
landes d'épithètes et dressé des autels priviligiés
La fée aux violettes, Notre-dame du sleeping-car,
etc., et je me demande de quel surnom merveilleux, imagé, il faudrait parer celle-ci ?...
Elle aurait droit à l'immortalité de l'hommage
et du culte, — mais cet hommage et ce culte
la trahiraient encore car ils ne s'adresseraient
qu'à son étrangeté ou au mystère de sa beauté

charnelle. Une part d'elle-même, la plus belle, la plus rare est descendue irrémédiablement au tombeau, car si l'on dresse encore des autels secrets à Vénus, je ne sache pas que l'on en dresse beaucoup à la Déesse-Raison et c'est précisément parce qu'elle logeait dans son corps frêle toute la grande sapience de la chouette sacrée qu'elle faisait avec les autres femmes que j'ai connues un contraste dont je n'ai jamais rencontré l'équivalent. Je m'explique :

Dès qu'on l'approchait il était impossible de ne pas être subjugué par cet orientalisme qui se dégageait d'elle : pas du tout un orientalisme de pacotille... non, un orientalisme conscient, voulu, qui l'apparentait aux grandes héroïnes du passé, la Reine de Saba, Salomé, Salammbô que Rochegrosse a modelées sur elle. Et surtout, lorsqu'elle marchait... patuit incessu... par les rues grises de Paris, elle avait positivement l'air de s'être abaissée jusqu'à porter de la gabardine ou de la cheviotte, et encore ces étoffes prenaient-elles sur son corps, instantanément, des plis marmoréens que ne parvenait pas à déplacer le mouvement hautain du torse, ni la fière saccade du talon. La couleur de ses yeux ne peut être désignée par aucun mot, si ce n'est peut-être par le *glaucopis* que les grecs attribuaient à la divinité : et d'ailleurs qui retient jamais la couleur des yeux de quelqu'un ?... On sait à peu près qu'ils sont clairs ou foncés, mais là se bornent nos investigations et les commentateurs sont, sur ce chapitre, en controverse perpétuelle. Son torse ambré était pour ainsi dire cousu d'une peau de soie mate, d'une matité extraordinaire de perle chaude : naturellement pas de hanches comme il sied à Isis ; des mains vigoureuses, des mains qui prennent. On voit si peu de mains de femmes faites pour appréhender, et non point pour reposer comme par exemple les mains des matrones de Ingres. Ce n'étaient pas des mains de travailleuse, mais des mains bien bâties pour le contact des choses ; et, de fait, la façon qu'elles avaient, ces mains, de rouler un morceau de benjoin, de tenir une

rose, de panser une blessure, de lever un
châle à la hauteur des lèvres, de laisser flotter
une cigarette, de saisir une bride de cheval,
représentait tout un petit travail d'instinct
merveilleusement et amoureusement varié...
Rochegrosse a tant de fois reproduit sa figure
que le dessin en passera à la postérité :
toutefois, je regrette qu'un sculpteur ne l'ait pas
modelée, car il y avait dans l'ensemble de ses
traits une harmonie que ne peut rendre la
surface plane du tableau. Cette figure-là, il
fallait la voir d'ensemble pour en admirer la
construction.

« La joue se perd, pensai-je un jour, en me
promenant dans la rue de Barbizon. Il y a
encore de beaux yeux, de jolies bouches, de
tendres chevelures, mais nous ne sommes plus
sensibles qu'au psychisme de la femme... De
quelle femme dit-on, plastiquement : « Elle
a une belle joue » comme on devait le
dire de Thaïs ou d'Hélène... oui, ma foi,
« d'Hélène aux belles joues ?... » A cet instant,
une femme passa, et le soleil, éclairant parfai-

tement l'angle arrondi à 45 degrés de ses maxillaires, infligea un démenti immédiat à mon exclamation... « Qu'elle est cette belle personne ? » demandai-je étonné : « C'est la femme du peintre Rochegrosse », me fût-il répondu... Et sur le moment ma curiosité s'estima satisfaite, car je savais que toute femme d'artiste est élue parce que les dieux la firent harmonieuse et en désaccord parfait avec la mode ou le canon de son époque. Combien ce jugement superficiel devait se modifier par la suite quand il me fût donné de saluer en cette créature admirable une âme merveilleusement adaptée à la plastique de son corps, une anatomie intérieure aussi robuste qu'expressive. Femme d'artiste certes elle le fut, mais non point dans le sens spécifique de ce mot. En elle nulle passivité, nul esclavage, nulle apathie morale, au contraire un être de race et d'élégance primitive.

C'est là une espèce de femme momentané-ment disparue. Elle était animale autant qu'une jeune Eve lancée à la découverte du monde, mais saine et naturelle, fille de la terre et du soleil.

Jamais, je ne connus, chez aucun être plus grand appétit de vivre, mais vivre dans le sens antique du mot et non point dans le sens moderne. Ennemie de tout délire, de tout ce qui n'est pas à la mesure et à la proportion du sentiment véridique; amoureuse du soleil, de l'espace et de l'intelligence virile, elle semblait porter ce triple amour comme une flamme éternelle dont il n'est besoin d'aucune tempête pour aviver le foyer.

Elle subissait l'attirance du désert pour sa liberté et sa luminosité qu'elle soutenait sans sourciller, et cette femme qu'enivrait les randonnées à cheval, tous les sports masculins, toutes les sources de gaîté corporelles, cette femme qu'enivrait également le grand repos animal, le repos prolongé, infini, au cœur de la maison odorante où elle s'étendait comme sous une tente s'étend la chefesse d'une tribu au campement, cette païenne-là n'était point créée pour un amour serf ou banal !

La bête attelée ruait aux brancards. Même dans le don qu'elle avait fait d'elle-même à l'élu de son cœur, on sentait quelque chose de cambré et d'impatient qui témoignait de sa sauvagerie primitive. Des êtres musclés de cette nature demeurent piaffant à l'attache, et leur bonté, leur dévouement n'en sont que plus touchants d'avoir su faire abdiquer l'instinct de liberté irrésistible qui les animait tout entiers. Quant aux hommes qui se livrent sans retour aux natures de cette espèce, ils savent bien qu'ils font serment de les aimer à genoux, attentifs à leur moindre souffle, soucieux de ne les point blesser ; ce sont les « soigneurs » de l'idole, et si riches d'esprit soient-ils, c'est à eux que se pourrait appliquer, en le retournant le vers du poète :

« Il n'est de grand amour qu'à l'ombre d'un
[grand rêve. »

Car pour eux tout rêve n'est fertile que si l'amour l'abrite de son ombre tutélaire.

Mais voici en quoi réside expressément le prodige : En cette statue de princesse lointaine où l'on eut pu supposer une âme de rêve et de mystère habitait au contraire une déesse inconnue des femmes : la déesse Raison. Point la raison masculine ou la raison féminine ; la Raison tout court. Qui peut décrire la raison ? On pourrait croire à l'énoncé du mot que je désigne cette faculté positive de ramener toutes choses à une évaluation moyenne ou pratique. Ce serait profaner la Raison que de l'estimer si peu.

Marie Rochegrosse s'exaltait aussi bien pour un vers de Baudelaire que pour une rose bien chantournée. Elle était susceptible de tous les enthousiasmes ; elle croyait en Apollon et en Christ dans la proportion exacte où l'on peut croire aux Dieux... Voilà, sous ma plume, le substantif le plus explicite : « Proportion »... C'est ce pouvoir d'évaluer toute chose, non pas à une mesure inférieure mais à sa propor-

tion exacte dans le temps et dans l'espace qui
constitue principalement la Raison. Et tout en
Marie était clarté, précision, même le rêve.
Elle haïssait d'ailleurs chez ses pareilles le don
de s'égarer, de gémir, de lamenter leur passion
ou de parer d'une fausse ivresse la simplicité
de leurs instincts. Elle vénérait l'amour, mais
lui assignait, clairvoyante et lucide, une place
exactement délimitée, et elle n'eût jamais
permis à un sentiment d'empiéter sur un autre.
Cette sagesse qui prend pour base l'évangile
naturel et pour cime l'intelligence dans ce
qu'elle a de plus spirituel, nous devons la
révérer lorsqu'elle se rencontre chez cet être
hybride, composite, qu'est la femme et il
convient à mon avis d'admirer les femmes non
point seulement à cause des vertus qu'elles
ont, mais à cause des défauts qu'elles n'ont
pas. Seulement, décrire la Raison, c'est décrire
le paradis, c'est dire que mieux vaut renoncer
à cette tâche impuissante : Tout ce qui est
anormal se définit aisément. La norme au
contraire rebute l'imagination comme un pro-

blème résolu à l'avance. C'est pourquoi je
déclarais tout à l'heure, à propos de cette
femme incomparable, qu'une part d'elle-même,
la plus riche, la plus indescriptible, est
descendue à jamais au tombeau. Les hommes
ne sont amoureux que de mystère et d'énigme.
Contentons-nous des souvenirs incomplets et
des Jocondes inachevées.

•

Mais qu'un grand cri de courage et de
révolte sorte au moins de la tombe ! Car,
atteinte déjà par la maladie, couchée au soleil
comme un lévrier du désert qui va mourir,
lorsque surgit la grande tuerie, Marie Rochegrosse se dressa. Elle ne pouvait supporter
cette atteinte à la vie, à la joie d'être, à la
splendeur du monde. Elle se précipita vers les
hôpitaux d'Alger. Elle pansa la blessure du
mâle, elle arracha la flèche de la chair avec
une sombre énergie retrouvée... Georges
Rochegrosse, éperdu de ce sacrifice, la suppliait
d'interrompre la tâche d'amour « Je t'adore,

répondit-elle, mais si tu m'empêchais d'aller
là-bas je te quitterais à l'instant ! » Elle ne
l'eut point fait, la pauvre femme, mais le cri
sublime avait été poussé. L'époux, l'amant
devrais-je dire, s'inclina devant le suicide, car
c'en était un véritable et des plus embrasés.
Cette femme que j'ai connue, recluse d'un
seul amour, captive volontaire, dans sa maison,
de cinq ou six amitiés, mais qui avait toujours
gardé la nostalgie de la liberté dangereuse et
des envols de l'âme, se rua vers le martyre de
l'homme, et Véronique têtue, se pencha sur la
faiblesse héroïque avec la même prodigalité
que si la force l'eût appelée de son clairon
d'or. Elle en mourut, gagnée par une fièvre
mauvaise qui sécha en elle les dernières gouttes
de sève, et comme il ne s'était jamais résigné
à vieillir et à abandonner les roses de la vie,
nul être ne lança au soleil un regard plus dé-
sespéré ni plus chargé d'adieux.

Elle repose au flanc de la colline d'El Biar,
de cette colline où j'ai porté la vieillesse errante
de Maman Colibri. « Alors elles se rappellent

le site lointain autrefois admiré dans des jours
de jeunesse et elles y viennent mourir. C'est
toujours sur un coteau où il y a des villas et un
joli cimetière... » Non loin, il ne reste plus
d'elle qu'un cœur dépareillé, l'autre moitié du
couple qui pleure dans la nuit sa douce femelle,
un artiste privé de sa lyre, un poète qui chanta
les Dieux guerriers, leurs triomphantes Hébés
et qui ne peut plus chanter qu'un seul amour,
vaste et ténébreux comme la mer nocturne qui
déferle au bas de la colline... Regardez,
Georges, la dernière fumée, la dernière voile
sur la vague au crépuscule !... Il n'est pas vrai
que les bateaux reviennent jamais. Ceux qui
l'ont dit nous ont menti... Les bateaux partent
éternellement et sans retour. Un seul, quelque
beau matin, fend le flot écumeux et l'homme
qui l'attendait pousse un cri de joie. C'est la
nef qu'appelait Socrate... « Quand donc
arrivera-t-il de Delos le vaisseau au retour
duquel je dois mourir ? ».

Qu'il y ait ce jour-là beaucoup de roses sur
la maison, ces floraisons débordantes qu'elle

chérissait, au gré des époques, les échiums aux
somptueux épis bleus, les cinéraires maritimes,
les passeroses aux thyrses de soufre, les gerbes
d'or, les pourpres de l'arbre qui vint de Judée,
toutes les étoiles des amandiers, tous les jasmins
à fleurs nues que jalousent les orangers
ombreux et sucrés ; mêlez le cythise au genêt
et l'héliotrope au silène, faites à toutes les
saisons, autour des murs désertés, monter le
sang des fleurs afin que ceux qui passent
puissent dire, en la désignant du doigt :
« Silence ! Voici la maison des Amants ! »

SOUVENIRS

par

MAURICE BEAUBOURG

Aout 1893. Fin d'après-midi à Barbizon, confins de la forêt de Fontainebleau, petite maison cuite et recuite de Soleil.

Marie Rochegrosse vient de poser toute la journée dans le petit jardin, derrière la petite maison, pour les fleurs du *Chevalier aux fleurs* que Georges est en train de peindre.

La figure encore toute imprégnée, hâlée, dorée, des fléchettes implacables de l'astre, du feu de ses rayons, elle va et vient à travers les chambres redevenues plus fraîches, mystérieuses, tandis que ses yeux légers, ses yeux profonds, ses yeux pers ou bruns selon l'occasion, semblent darder toutes sortes d'autres rayons autour d'elle.

Entre un passant.

Il tient un bocal.

D'allure jeune, le teint rose, le nez socratique, les cheveux en brosse, la barbe annelée, fla-vescente. d'Hadrien, de Lucius Verus.

De quel Montigny, de quel Valvins arrive-t-il ?

N'était-ce pas lui qui, avec Rosati tout à l'heure, écoutait Marcel Schwob commenter Claudel ?... L'auteur du *Roi au masque d'or* avait seul alors la clé de l'auteur de *Tête d'or*... Tout le monde le lit, à Tokio même, aujour-d'hui...

Le nouveau venu est d'une gravité, d'un sérieux indémontables, imperturbables.

Il porte religieusement devant lui son grand bocal de verre, telle une châsse.

« Carnot,... Marie... » dit-il, lui indiquant au fond un lézard.

— « Comment Carnot,... Pierre Quillard ?

— Vous savez bien Carnot,... Carnot...

— Mais non ?...

— Le Président de la République...

— Le Président de la République ?...

— Voulez-vous m'aider à lui attraper des

mouches... Sur ce mur, tenez... Il les aime tant...
C'est sa liste civile... Vous seriez bien aimable...»

Marie le regarde un instant muette, déso-
rientée ; puis, tout à coup, saisissant l'apologue,
aide Pierre Quillard à attraper des mouches,
sur le mur, afin de les donner à Carnot.

Et quand ils en ont attrapé sa suffisance,
— Carnot est sobre, — ils ôtent le bouchon
du bocal, les distribuent au lézard.

« Pauvre Carnot !... » murmure-t-elle le
regardant happer les petits diptères... Tu es dans
ton Elysée !... Dans ton palais de verre !...
Chaque jour, on t'y apporte des mouches,
pour ces banquets officiels dont toute la
France connaît les menus !... Seulement tu as
perdu ta liberté !... ajoute-t-elle douloureuse
« Pauvre Carnot !... »

Un frisson léger, à peine perceptible, la fait
tressaillir. Ses yeux frémissant un instant d'une
lueur vive, fugitive, vibrent, s'illuminent.

Et, comme la liberté, c'est aussi la vie, on
apprend plus tard qu'à la suite de celle-là, on
a également ravi celle-ci au Président de la

République !... à Carnot !... à l'infortuné
Carnot !...

•

Encore 1893.

Une nuit dans la forêt de Fontainebleau.

La lune la diapre de teintes fausses, y fait
foisonner ses formes fausses, ses objets faux.

Grands chênes dénudés, tendant au ciel
leurs bras fantastiques de prédicateurs d'Apocalypse ; halliers rosâtres, bleuâtres, où des
myriades de chenilles, croirait-on proces-
sionnent ; trous d'ombre qui ont l'air de rou-
geoyer d'yeux, de grimacer de figures, de
grouiller de pieuvres ; roches aux allures d'hippopotames, semblent se préparer sous l'ombre
lourde, opaque, à leurs ébats d'hippopotames.

On cause, on marche, on chante, on reprend
en chœur pour s'entraîner, pour scander le
pas, des scies, des charges d'atelier, énormes,
insensées :

Si j'oserais, j'y flanq'rais une gi-i-i-fle, (un temps)

Si j'oserais, j'y flanq'rais une gi-i-i-fle, (un temps)
Mais elle est femme, et je dois respecter (un
[temps, puis un tonnerre)
Son sexe à l'homme... eh bien je m'en prendrai!...

Voici que Marie est saisie d'un rire fou, aigu, inextinguible. Les fantastiques et dénudés prédicateurs d'Apocalypse, les chenilles processionnaires, les figures démoniaques, les hippopotames dont les dos pétrifiés somnolaient tout à l'heure, sursautent d'oscillations, de spasmes inouïs se tordent avec elle.

« Qu'est-ce qu'il y a, Marie ?... Qu'est-ce qu'il y a ?...

— C'est si drôle !... (déclare-t-elle entre deux fusées), si drôle !...

— Quoi ?...

— Ce *son sexe à l'homme,...* détaché en cavalier seul du quadrille,... en héraut d'armes,... au lieu du vers enchaîné au précédent,... selon son sens, — régulièrement !...

— Puisque ça se chante toujours comme ça... Que ça se chantera toujours comme ça... Qu'il n'y a pas à sortir de là...

— Comme le lézard,... du bocal de
Quillard,... alors !... »

Les rires redoublent. Tout le monde s'es-
claffe le long de la route à présent.

Et l'on sent vaguement que, de même que
le pauvre lézard a perdu sa liberté et sa vie au
fond d'un bocal, ses frères les hommes perdent
les leurs au fond de lieux communs, de clichés,
de formules, qu'ils répètent sans cesse, sans
jamais les comprendre ? — puisque ça doit se
répéter sans cesse, sans jamais les comprendre !...
Et que, pas plus que Carnot n'a eu la force de
briser le verre de sa prison pour retrouver le
grand air et l'espace, ceux-ci n'auront le courage de crever la baudruche de lieux communs,
de formules et de clichés où ils sont emmurés.
Si j'oserais, j'y flanq'rais une gi-i-i-fle (un temps)
S j'oserais, j'y flanq'rais une gi-i-i-fle (un temps)
Mais elle est femme...
continue la voix de Marie, plus pure encore,
entraînante dans la nuit.

Ses yeux diaphanes, mauves, ses yeux
irradiés, ses yeux hallucinés, nous guident à

travers les teintes fausses, les formes fausses,
les objets faux, les bocaux d'atrophie, les *son
sexe à l'homme* d'asphyxie, lourde et irrespirable
forêt du monde... vers les paradis de vie et de
liberté rêvés.

●

Paris.

Hôtel joli, coquet, face aux fortifs, boule-
vard Berthier, porte Levallois.

Au fond de l'atelier, un ajoupa, que Marie
a construit d'un sopha, surmonté de coussins,
soies, satins, peaux de tigre, tentures, mousse-
lines à filigranes, écharpes, banderolles.

Yack, le grand caniche noir, gît inerte à ses
pieds.

Elle-même est accroupie au fond de l'ajoupa,
à l'orientale, jambes croisées, déesse hindoue,
idole hiératique, exotique, étrange, impénétrable.

Des amis s'approchent, la prient de chanter.

« Non..., fait-elle de la tête, en un recul
dolent, fatigué.

Les amis insistent :

— Voyons, Marie... Vous nous le promettez depuis longtemps... Voyons...

— Non... » Elle balançait toujours la tête, en un recul plus dolent, fatigué.

— Pourquoi..?

— Marie... » murmure Georges de sa voix câline, persuasive.

Elle reste quelques instants muette, atone ; puis relevant peu à peu les yeux vers ceux qui la prient, se ranime.

Alors, sans un mot, prenant une guitare, elle entame tout doucement, d'une voix presque basse, qu'elle retient, qu'elle refrêne, cette complainte sauvage et ridicule :

> *Marguerite j'est ben malade,*
> *Y il lui faut le médechin,*
> *Marguerite j'est ben malade,*
> > *Et, et j'il lui faut*
> > *Et, et j'il lui faut*
> > *Y il lui faut le médechin.*

La mélopée triste, monotone, sort à peine de ses lèvres, comme des lèvres des bergères

qui la chantent sans doute là-haut, au haut du
Plateau Central, les dents serrées :

> *Le médechin lui ordonne*
> *De ne boire que de l'eau,*
> *Le médechin lui ordonne*
>> *De ne boire que*
>> *De ne boire que*
> *De ne boire que de l'eau...*

Lassitude ?... Répugnance devant un tel
traitement ?... Sera-ce donc toujours la même
chose?... La vie même, Robinet incolore, insi-
pide, à l'éternelle fadeur ?... au perpétuel
écœurement ?

Mais la révolte vient :

> *Médechin, va-t-en j'au diable.*
> *Car moi j'aime trop le vin,*
> *Médechin, va-t-en j'au diable,*
>> *Car moi j'aime trop*
>> *Car moi j'aime trop*
> *Car moi j'aime trop le vin !*

La voix s'enfle comme au rappel de l'ivresse
dernière, qui para cette vie de couleurs cha-
toyantes, hallucinantes, inoubliables !... qui

permit de la respirer sans son parfum !... sa
beauté !... de la vivre enfin !... Et c'est sous le
coup de cette ivresse de vie ressurgie, violente,
exaltant et engourdissant délicieusement cerveau, cœur, membres, qu'elle poursuit, revenue
à son ton monotone, pâmé :

> *Qu'on me mette quand je s'rai morte,*
> *Dans la cave où il y a le vin,*
> *Qu'on me mette quand je s'rai morte,*
>> *Dans la cave où y a*
>> *Dans la cave où y a*
> *Dans la cave où y a le vin.*

> *Les yeux tournés vers la porte,*
> *Et la bouche sous le robin,*
> *Les yeux tournés vers la porte*
>> *Et la bouche soûle*
>> *Et la bouche soûle*
> *Et la bouche sous le robin...*

Ah ! sa bouche restée entr'ouverte, comme
pour boire encore après la mort, au philtre
merveilleux de vie, auquel toutes sortes de
contraintes, de règlements, de prohibitions, de

défenses, nous empêchent toujours de boire,
ainsi que nous en brûlons! ainsi qu'il faudrait
que nous buvions!... ainsi que nous n'y boirons
jamais tout notre soûl ! jamais !

. Sa bouche restée entr'ouverte, comme pour
attirer une dernière fois à elle, pour aspirer
complètement, totalement dans sa sève, jusqu'au tuf, la joie, la frénésie de vivre, dont
malgré le soleil, les étoiles, la nature, les fleurs,
les oiseaux, notre pauvre existence est privée !...
sevrée !... spoliée !...

Mais déjà elle a ressaisi fièvreusement la
guitare pour dire telle qu'elle la voudrait, telle
qu'elle l'adore, cette vie qu'une civilisation de
restrictions, de renoncements imbéciles, éloigne
de plus en plus de nous, fait que nous nous y
promenons de même que des spectres, des
fantômes sans y avoir réellement vécu !

Ses yeux luisent, s'irradient, flamboient, de
tous les reflets rouges, verts, jaunes, roses,
oranges, de tous les arc-en-ciel, de tous les
tropiques, de tous les climats. Sa voix tendre,
insidieuse, brûlante, ironique, voluptueuse,

nous entraîne à sa suite à travers tous les âges, les contrées, les forêts, les mers, les déserts !

Etonnants refrains arabes, espagnols, italiens ! Suaves chansons françaises du Valois !... Lieds allemands !... Parodies anglo-saxonnes !... Montmartre !... Le Soudan !... La Chine !... L'Amérique !... L'Inde !... Les Antipodes !... Toute la vie, toute la lyre, dans cet incomparable chant d'artiste d'une originalité, d'une verve, d'une audace, d'une saveur inouïes !... dans cet incroyable chant de vivante !... L'existence retrouvée, avec la simplicité de sa joie !... La vérité de son amour !... La liberté de la terre !...

Comme l'on comprend maintenant que Marie veuille échapper à cette Europe falote, mesquine, sordide !

Qu'elle rêve d'un pays de vie plus libre, plus large, plus profonde !

D'une Afrique de soleil, de ciel ardent, de nuits lumineuses, enchanteresses, déchirées, transpercées d'étoiles, qui vous aveuglent, vous enivrent.

Dès le début, Yack s'est dressé joyeux au chant de sa maîtresse, sautant éperdument à travers l'atelier, gambadant, aboyant, hurlant. Elle doit le faire taire. Il recommence de plus belle. Elle le menace du doigt. Il obéit enfin ; se contentant de virer tout le temps sur lui-même, singulier derviche tourneur d'astrakan noir, se mordant la queue.

Mais la guitare a glissé peu à peu des mains de la chanteuse. Ses yeux s'éteignent, se closent, ses lèvres se taisent.

Et elle reprend au fond de l'ajoupa sa pose tranquille, lasse de déesse hindoue, d'idole hiératique, exotique, étrange, impénétrable.

●

Alger la Blanche.

Marie, qui a été jusqu'ici, dans sa compréhension sororelle des douleurs et des misères humaines, la sœur de charité compatissante et divinatrice de tous les êtres dont la civilisation a meurtri les âmes et rogné les cœurs, y devient dès le début de la guerre la sœur de

charité plus compatissante et divinatrice encore,
de ceux dont une sauvagerie forcenée, démente, impitoyable, meurtrit les corps et rogne
les chairs à présent.

Et quand avec un courage, une bonté supé-
rieurs, une incroyable abnégation, un inlassable
dévouement, elle va les soigner depuis le matin
jusqu'au soir, chaque soir, chaque matin, à
l'hôpital de Mustapha, c'est encore la vie, les
raisons de vivre, l'espoir de vivre qu'elle
distribue sans se lasser à ceux qui gisent
découragés, désemparés, perdus.

Seulement, à force de distribuer ainsi la vie,
ses raisons, ses espoirs, à ceux qui vont mourir,
elle finit par être prise de leur contagion de
mort.

Elle lutte longtemps, se relève, se croit
guérie, retourne encore guérir les autres.

Mais dans cette lutte ininterrompue, admirable de volonté, d'héroïsme, elle se sent fina-
lement la plus faible, succombe.

Et pourtant, maintenant que la mort a clos
pour toujours ses paupières de son cachet de

cire, est-ce que sous leur abri, ses yeux ardents,
ses yeux fervents, ses yeux amoureux, de vie,
ne continuent pas à redire éternellement celle-
ci, et à la chanter toujours !

IMAGE DE MERYEM

par

HENRI MAHAUT

MARIE... c'est un beau nom lisse, calme, pur
et tout blanc, un beau nom classique, créé,
semble-t-il pour quelque jeune fille parfaite de
France, Valois ou Touraine, aimée jadis par
un poête, mais que méritent aussi bien après
tout, tant de femmes de chez nous, servantes
d'auberge ou princesses du sang.

Il donne à celles qui le portent un teint de
lait, allume d'un doux feu leur clair regard,
caresse les bandeaux bien peignés de leur
chevelure, drape leur corps de lin souple et
entoure leur marche d'un bruit d'ailes de
colombes...

Les Marie en Orient sont des Meryem.

— Il faut ajouter tant de couleurs et tant
d'aromates à Marie pour obtenir Meryem —
Et c'est pour cela, Marie Rochegrosse, que

quand je vous connus à Alger, vous vous appeliez et je vous appelai Meryem, laissant Marie à vos amis de France. Vous étiez tellement la femme de ce beau nom d'Orient. Non seulement toute la Méditerranée et tout l'Orient, mais le monde entier étaient en vous, Meryem. Et toute la fable et toute l'histoire et tout le rêve. Comment évoquer tout cela en vous, disparue ?

Bah, soyons modestes et souvenons-nous, simplement.

Pour notre triste délectation, réapparaissez, chère ombre, telle que je vous vis pour la première fois aux côtés de votre mari dans la pénombre puissante et chaude de votre salon de Djenan-Meryem, là-haut, sur les collines de Mustapha, casquée d'acajou, le teint d'ivoire bis, les yeux pailletés d'or comme ceux des grands félins, le corps mouvant et cambré sous votre robe aux harmonies baudelairiennes et parée de tous vos bijoux barbares.

Moi-même, j'arrivai à Alger pour m'y soigner, indolent, incertain et chancelant. Votre abord, naturellement, m'intimida, mais après la présentation de Geo, comme, gentiment, vous vous êtes penchée vers moi. Aussi fus-je vite d'aplomb et en la plus douce confiance. Le même jour nous faisions ensemble le tour de votre délicieux domaine. Vous me montriez la maison, toute blanche au dehors, illuminée des reflets du ciel et de la terre, chargée de la lourde pourpre des bougainvilles, gardée par l'incorruptible cyprès du seuil, au dedans, merveilleusement complexe et historiée avec sa cour pompéienne et ses chambres profondes, enrichies de faïences, de cuivres, de tapis, de soieries, de vitraux. Le jardin vaste et incliné vers Alger, délirait au soleil, flambant de fleurs, ennobli de frondaisons d'airain, allégé de verdures tendres. Les terrasses, les loggias d'où l'on découvrait la ville et son golfe nous procurèrent de douces stations pour mieux goûter notre causerie déjà familière. Je visitai tout, dès ce premier jour, et jusqu'aux celliers, au garage, aux étables, à l'écurie, à la basse-cour. Quand je vous quittai, Alger mettait ses colliers de soirée, et naissait pour nous une amitié de vingt années.

Combien de fois depuis, ne suis-je pas monté vers vous par les vieux chemins profonds qui sinuent entre les jardins des villas, sous les oliviers ? Parti morose, j'étais certain de trouver là-haut allègement et réconfort. Que ne pouvait-on vous confier, de qui ne pouvait-on se plaindre ? Vous étiez toute compréhension, sagesse, indulgence et amour de la vie.

Les bonnes après-midis, les bonnes soirées passées ensemble, mon amie ! Geo. à son chevalet peignait, s'arrêtant seulement pour bourrer sa pipe, dire un mot gentil, léger et nous sourire de son bon sourire illuminant sa face rose. Yack, le vieux caniche noir dormait en boule laineuse et frisée. Coco, le perroquet se racontait des choses pour soi tout seul, tandis que Togo, l'ara donné par Henry Bataille, hurlait ou se taisait renfrogné dans son bel habit multicolore.

Que vous aviez vu de pays, que vous aviez connu de gens, que vous saviez d'histoires, Meryem ! c'était merveille de vous écouter et

toutes les peines et tous les soucis s'effritaient...
Après des histoires d'Egypte, de Grèce, d'Italie,
d'Espagne, de notre extrême-sud Algérien,
c'étaient des histoires toutes proches du
Mustapha cosmopolite et hiverneur qui nous
entourait : l'histoire de cette vieille Anglaise
démente habitant une villa voisine, toute seule
parmi une bande de singes ; celle de ce prince
asiatique exilé, mangeant avec des bâtonnets,
jouant au tennis, roulant en auto et peignant
exquisement à l'instar de Gauguin ; celle de cet
officier supérieur d'une nation étrangère
épousant une jeune française — union des
deux plus fines raquettes de Dinard — et la
quittant pour s'alcooliser et aller pêcher des
perles aux Indes... D'autres encore plus diffi-
ciles à rapporter ici.

Souvent, un de nos bons amis et moi étions
conviés à dîner à Djenan-Meryem. La coquette
salle à manger était encore égayée de fleurs
odorantes et légères, roses, jasmins, œillets,
jacinthes, fraisias, pois de senteur.

Le poulet était le meilleur élève de la basse-

cour. Le gigot était suintant et doré à point.
Le currie onctueux et coloré comme la terre
des Indes. La négresse cuisinière servait entre
ses bras luisants, le couscous paré de tous les
légumes et de tous les fruits du jardin, sur la
grande lune rose du vieux plat de cuivre arabe.
Une double couronne de violettes parfumait la
crème Chantilly dans sa jatte. Et les confitures
de roses envoyées par un prince balkanique
étonnaient délicieusement notre gastronomie
occidentale.

A la Noël, le somptueux pâté de foies gras
qui nous réunissait était le successeur de ceux
offerts chaque année par Tivollier au poète
gourmet de Banville. Et le pâté était pour notre
hôte l'occasion d'évoquer son cher parâtre et
d'autres grands disparus qu'il avait connus
dans son enfance... Un jour il était allé avec
de Banville chez Flaubert et ce dernier qui
n'aimait pas les enfants, lui avait dit, en appre-
nant qu'il commençait déjà à dessiner et à
peindre : — « Tiens voilà un crayon, du papier,
dessine et f...-nous la paix ! »

Chez Hugo, à sa première visite, il était resté, il ne savait combien de temps, dans un coin, devant un lourd meuble qui menaçait de tomber sur lui, sans oser, par timidité éblouie, réclamer du secours. Baudelaire l'effrayait tant avec sa face de mauvais prêtre et surtout lorsqu'il se mettait à carresser lentement, longuement, sa jeune tête...

Ces Noëls, qu'ils étaient différents des Noëls neigeux et glacés de France et d'Europe. C'étaient de beaux Noëls païens et voluptueux, fleuris de roses, parfumés d'oranger, dans les douces ténèbres du jardin, sous le lait de la lume et la poussière des étoiles. Comment par de telles nuits ne pas devenir poête, mais comment violenter l'aimable indolence où nous baignions. Aussi était-ce bien des poêmes qui naissaient de nous parmi les molles fumées des tabacs blonds ? Rappelez-vous pourtant celui-ci qui vous plut, Meryem :

> La Polynésie des étoiles...
> Le col renversé, j'y voyage
> En l'automne exotique d'un cigare.

Comme nous étions heureux alors ! Et comment réunis par l'amitié sur ce beau rivage africain, comment aurions-nous pu prévoir tant de malheurs proches, et la guerre, et votre maladie et votre mort ? Pourtant, quand une étoile lasse tombait, je me rappelle, vous me serriez les mains que vous teniez volontiers entre les vôtres...

Meryem, chère Meryem, depuis votre départ pour un long, trop long voyage, vous nous manquez affreusement et quand des coteaux de Mustapha, nous regardons au-dessus de nous le ciel endiamanté, c'est à vous que nous pensons et anxieusement nous nous demandons où vous êtes, où, en quelle île de cette ardente Polynésie des étoiles...

Morte, on a mis entre vos doigts un chapelet et le petit miroir où vous aimiez regarder votre visage de vivante.

Le chapelet de Marie... Le miroir de Meryem...

MARIE ROCHEGROSSE

par

CAMILLE MAUCLAIR

DE toutes les rencontres de ma vie aucune ne m'aura si absolument présenté l'image vivante de la force harmonieuse que celle de cette femme extraordinairement belle, dont le regard me laissait interdit et muet, malgré la grâce du sourire et l'accueil cordial, tant se concentraient de mystères altiers en ses larges yeux gris, intensément scintillants, froids comme la mer septentrionale, brûlants comme l'Orient, magnifiques par le mirage illimité et l'incessante révélation d'une âme enivrée de nostalgies. L'extrême pureté de la bouche grave, du nez, du front pâle sous l'épaisse chevelure fauve, la noblesse du corps riche de toutes les attitudes dont puisse rêver un artiste, tout s'oubliait devant ces yeux magiques où l'âme hautaine, émue et loyale de Marie Rochegrosse se découvrait tout entière en conservant pourtant le prestige de son énigme.

Je garde d'elle le souvenir presque effrayé de cette beauté qui, dès mon adolescence, m'imposa avec une impérieuse évidence l'idée directe d'une eurythmie féminine telle que le monde contemporain n'en offre plus — une vision luxueuse, somptueuse et mélancolique de princesse légendaire telle que la poésie persane a seule pu l'imaginer. Comme si elle eût senti que cette beauté dont elle était revêtue semblait une anomalie dans nos rues et nos mœurs, Marie Rochegrosse sortait peu, dédaignait l'existence mondaine, haïssait la foule. L'être supérieur qu'elle aimait, l'intimité de l'atelier, le silence, les bois, ou alors le ciel algérien, étaient tout pour elle. La vie enclose de l'Orient hantait ses songes. Elle était une merveille sur soi-même reployée. Elle écoutait et parlait peu. Mais tout à coup l'enthousiasme la faisait se dresser — et ce qu'elle disait alors n'était jamais vain. Une intelligence nourrie des œuvres et des pensées accessibles à peu de femmes, une sensibilité tour à tour joyeuse et pathétique, un sensualisme superbement contempteur de toute hypocrisie et de tout préjugé, un amour violent et lucide de l'art, apparaissaient en des formules concises que secondait, un rire inouï. Puis, parmi les satins amoncelés d'un divan, la femme toute harmonieuse redevenait, indolente, sa propre statue : et chacune de ses lignes était aussi parfaite que les jugements de son esprit.

Elle possédait une culture permise seulement aux créatures qui ont donné à la vie intérieure tout son sens. C'est par là qu'elle a été la collaboratrice inestimable de son mari. Elle l'a été par son corps et par sa pensée, inlassablement. Elle a été la forme souveraine en laquelle se sont incarnés toutes les héroïnes des tableaux peints et des livres commentés par Rochegrosse pendant trente ans. Elle a été Salomé, Balkis, Salammbô ; elle est partout en cette œuvre spacieuse et multiforme, aux confins de la littérature et de la peinture. Elle comprenait, savait, pénétrait tout. De toutes les raisons qui l'unissaient à son compagnon d'élection, une des plus fortes était leur commune passion pour l'histoire. Ces deux êtres dont tant d'aspects et de tendances modernes révoltaient les sensibilités vivaient à l'aise dans les rétrospections de l'histoire, et l'érudition était pour eux bien moins morte que l'ambiance banale. Ils assistaient avec angoisse et délice aux résurrections des siècles dans la féérie de leurs imaginations incantatoires. De l'Assyrie à la Grèce, à Carthage, à la Judée, à la Rome des Césars, à la féodalité sanglante et splendide, tout leur était familier. Je n'oublierai jamais cette époque où, tandis que Rochegrosse travaillait à l'illustration de *Salammbô*, sa femme consacra de longs mois à peindre l'immense zaïmph que Flaubert n'a voulu et pu que suggérer par des épithètes toutes littéraires, dont le peintre ne peut tirer parti. Elle peignit sur ce voile toutes les figures de la cosmogonie punique, telles que pouvaient les lui définir maints ouvrages d'exégèse et d'archéologie composés depuis l'incomparable roman. Elle enrichit ces images de broderies

de soie, de pierreries, de plumes, avec un art
patient d'Orientale, et de cet accessoire souhaité par l'aquarelliste elle fit une œuvre de
musée et une stupeur des yeux. Je la vois
encore assise sur des coussins parmi les plis
innombrables de sa fragile merveille, j'entends
encore sa voix lente et chaleureuse me disant :
« Il y a des heures où je crois que je n'en
viendrai point à bout, comme si tous ces mauvais dieux là ne voulaient pas...» Et elle souriait.

.. Pendant trente ans elle a été, dans cet atelier
où on a si âprement travaillé, l'amie lucide et
dévouée qui donnait tour à tour une attitude
de sa beauté physique et un conseil de son
esprit — la compagne d'artiste idéale, s'exté-
riorisant dans l'œuvre commencée, suggérant
d'autres œuvres par sa seule présence, poème
implicite, tour à tour enjouée et méditante,
camarade et modèle, toujours très femme et
pourtant recélant sous son front admirable la
pensée et la volonté d'un homme. Elle était,
par double amour pour l'homme dont elle
partageait la vie et pour les formes de son art,

une actrice et une mime d'une extraordinaire
malléabilité, plaçant sous les yeux de ce vision-
naire, une foule de figures avec un protéisme
prodigieux. Si elle n'avait été avant tout une
passionnée de l'Orient antique, éprise de psal-
modies, de parfums, de joyaux, de palmes,
j'aurais eu souvent la tentation de la comparer
à ces patriciennes de la Renaissance qui, dans
les cours de Ferrare, de Parme ou d'Este,
joignaient la volupté aux controverses les plus
ardues, et s'occupaient, entre deux fêtes, de
mystique, de magie ou d'astronomie, par une
extension élégante et aisée de leur esprit. Elle
savait plusieurs langues, et plus on conversait
avec elle, plus on découvrait qu'il n'existait
guère de domaine où son désir de connaître ne
se fût aventuré. Mais elle renfermait en soi,
avec une fierté presque farouche, tout ce dont
d'autres se fussent vantées. Elle était somptueuse chez elle et très simple au dehors. Son
âme était faite comme ces maisons musulmanes
qu'elle adorait, et dont les murs extérieurs,
clairs et lisses, mais sans ouvertures, défendent

au passant la vision du patio aux colones cise-
lées, des eaux vives, des fleurs, des soieries et
des choses précieuses recélées dans l'ombre
opulente et embaumée.

Elle n'aura voulu être connue que de celui
pour qui elle fut tout, et de quelques fidèles
amis, dont je fus le plus humble mais non le
moins fervent. Je l'ai profondément admirée
dans sa forme, dans sa pensée, dans sa volonté.

Elle m'a représenté non seulement une perfection plastique, mais encore un des plus
étonnants témoignages du degré où le sens de
l'harmonie peut, chez une femme, se concilier
avec une culture presque anormale à force de
tact et de grâce innée. Elle aura été son propre
chef-d'œuvre, et les multiples images que
Rochegrosse en a tracées ne sont que les
moments, les reflets de cette femme extraordinaire, magicienne fidèle au passé. Son souvenir
qui reste pour moi sans analogue, j'échoue à
le fixer avec mes pauvres mots. Je voudrais
du moins leur faire exprimer une douloureuse
gratitude. La maison de Georges et de Marie

Rochegrosse a été la première maison d'artistes où, à dix-neuf ans je sois entré, timide et souffrant, la première où j'ai osé lire mes poèmes de débutant sous les yeux de deux êtres profonds et bons. Ils m'ont initié à leurs songes. Je leur ai dû d'inoubliables leçons de noblesse morale, l'exemple du travail magnifié par l'amour, des heures sans prix. Rien, pas même l'irréparable, n'a pu désunir en moi ces deux figures, et Marie Rochegrosse, vision de beauté dès le seuil de ma vie, reste pour moi une actuelle et une éternelle présence.

MARIE ROCHEGROSSE

par

GEORGES PÉLISSIER

EN cette fin d'août 1914, si lourd d'angoisses,
pendant mes cours de la Croix-Rouge, au
premier rang des élèves infirmières, Marie
Rochegrosse écoutait attentive et me regardait
de ses larges yeux gris. Il était impossible de ne
pas apercevoir qu'elle avait été belle. L'extraordinaire rayonnement de son visage m'atti-
rait tout au moins autant que le prestige du
beau nom qu'elle portait. Je pressentais qu'elle
aurait pour la chirurgie le plus vif enthousiasme,
qu'elle soignerait les malades avec ferveur,
mais je ne savais pas encore qu'elle y devait
user son cœur.

Bientôt, peut-être parce qu'elle avait deviné
ma sympathie, elle vint me demander de
m'assister dans mon service à l'hôpital civil de
Mustapha. Les spectacles violents heurtèrent

d'abord sa sensibilité. On peut avoir *vu* l'assassinat de *Jules César* ou celui de *l'empereur Géta*, on peut avoir posé pour la figure farouche de la *Joie Rouge*, ivre de carnage et de destruction sur un cheval dont la crinière flambe et n'être pas impassible devant cette redoutable Trinité des pavillons de chirurgie : le Sang, la Douleur et la Mort.

Elle me surprit par sa plasticité, sa promptitude à assimiler les choses scientifiques et à retenir leur vocabulaire spécial. J'appris qu'elle possédait une parfaite culture gréco-latine, parlait plusieurs langues et je fus moins étonné.

Elle avait assumé deux fonctions : l'anesthésie et les pansements. L'anesthésie! Elle y avait acquis une savante maîtrise. Il lui plaisait d'abolir le cerveau et la moëlle avec l'exacte dose d'éther et de dispenser ainsi l'oubli et l'immobilité. Mais elle n'ignorait pas le danger d'une narcose trop profonde. Elle connaissait les signes qui annoncent l'imprégnation du bulbe et savait conjurer la syncope imminente. Je ne me souviens pas d'avoir eu, au cours de ses très nombreuses anesthésies, même ce que nous appelons « une alerte ». Elle en tirait une juste fierté.

Et les pansements, *ses* pansements comme elle disait, choisis par elle, adoptés par elle parce que longs, ou rebutants, ou douloureux, elle les faisait avec une minutie inquiète, de ses mains qui tremblaient un peu quand on la regardait. Elle avait si peur de mal faire ! Et jamais lasse recommençant tous les jours la même tâche monotone. Ah, sa précieuse exactitude et sa belle vaillance ! Toujours arrivée la première, même pendant les mois d'été quand l'habituel séjour de Rochegrosse au bord de la mer, sur la plage de Sidi-Ferruch, l'obligeait à franchir tous les matins 25 kilomètres en automobile.

Mais surtout je ne puis me souvenir sans émotion de sa bonté. L'hôpital lui offrait tous les aspects de la misère humaine, les détresses matérielles et les souffrances morales. Elle interrogeait les malades avec douceur, savait provoquer des confidences ou des aveux et

consoler souvent et soulager toujours. Je dirais
volontiers que c'est aux âmes qu'elle a fait ses
pansements les plus délicats. Je lui dois de
hautes leçons de charité.

Lorsqu'elle eût obtenu son diplôme d'infir-
mière, elle eut de grands scrupules. Elle avait
ardemment souhaité la mission d'aller soigner
des blessés de guerre. Mais elle était déjà trop
attachée à ses malades. les vides irréparables
que la mobilisation faisait dans le personnel
hospitalier l'avaient douloureusement émue.
Elle me dit : « Il faut bien que quelqu'un
soigne ces pauvres civils que tout le monde
oublie ! » Et elle resta.

De ce jour, elle s'est multipliée. Je la vois
encore un matin de hâte prenant à pleins bras
une grand fille pour la transporter du brancard
à la salle d'opérations et s'asseyant ensuite,
essouflée de l'effort, un peu pâle sous son teint
d'ambre, inquiète de sentir son cœur battre si
fort, mais souriante avec tranquillité.

Un jour de septembre, elle m'avait emmené
à El Biar pour voir Georges Rochegrosse :
— « Père Geo, voici mon « petit patron » Tu
vois, il a les yeux bons et la bouche mé-
chante » — Elle aimait dire aussi le sens des
visages et son intuition aiguë ne s'y trompait
jamais. Elle avait une façon si maternelle de
m'appeler « petit patron » que j'avais répondu
tout de suite « Mère Geo » ne sachant pas
encore ce que ces deux mots allait signifier
pour moi de vénération, d'attachement et de
tendresse.

Tandis que Rochegrosse travaillait, elle
m'avait conduit dans le jardin, ce jardin qu'elle
avait créé et qui était un reflet d'elle, ce jardin
si grand qu'il englobait la maison et d'autres
maisons plus petites et si divers qu'il m'avait
ravi. *Djenan Meryem*, le jardin de Marie
s'incline sur le coteau d'El Biar pour regarder
la baie ployée comme un arc flexible et, par
delà la baie, la Mitidja immense et par delà la

Mitidja, l'Atlas blidéen et l'échine bleue du
Bou-Zegza.

Il y avait dans ce jardin tant d'arbres et
tant de fleurs! des arbres de France et de tous
les pays : des amandiers — celui-ci qui fleurit
dès Noël — des orangers, des citronniers, des
néfliers du Japon et des palmiers, et des
eucalyptus et des poivriers, des cocotiers, où, la
nuit, tombent de scintillantes gouttes de lune!
Des fleurs, toutes les fleurs vivantes, — ô
Parsifal ! — les humbles et les orgueilleuses et
suivant les saisons. Des capucines, des cinéraires, des violettes, les petites étoiles du jasmin,
et les rames embaumées des pois de senteur.
Mais comment dirais-je l'orgie des roses au
mois de mai: roses blanches, roses thé, roses...
roses, roses pourpres enlacées aux colonnes ou
croulant en berceaux; — et le faste des chry-
santhèmes blancs, jaunes, violets; jaspés et
l'inégalable orgueil des pivoines mauves ?

La maison au milieu du jardin se dressait
blanche, d'architecture mauresque, tapissée
de rosiers grimpants et de bougainvilles, mysté-

rieuse avec ses fenêtres grillagées. Aucune ne m'a paru exprimer ses hôtes autant que cette maison ornée et peinte. Ici deux êtres ont vécu leur double vie enlacée et la maison est secrète comme un cœur fermé. Ici, deux amants sont venus s'isoler des villes et du monde et l'on entre à la fois dans l'Orient, dans l'Antiquité et dans le Rêve !

Passé le court vestibule, voici l'atrium, le bassin de marbre blanc, la vigne vénérable et les colonnes qui portent la galerie du premier étage ; aux murs des copies de fresques pompéiennes : *La Blessure d'Adonis* ou *l'Enlèvement d'Europe* et accueillant le visiteur, naïvement portraiturés, les maîtres du logis flanqués du chien et du perroquet familiers. Voici le salon revêtu de céramiques persanes décoré de paons qui se répètent aux murs et aux fenêtres, la salle à manger ornée de faïences vieux rose et vert rompu, où le foyer est encadré de carreaux fleuris de lauriers roses.

Cette maison est gaie, jolie de couleur, encombrée d'étoffes, de tapis, de cuivres, de

bronzes, de cadres... Un autre salon encore...
Mais je ne veux pas poursuivre. Je n'entrerai
pas dans la chambre où depuis un an je ne
suis plus entré, la chambre où elle est morte,
car je la veux vivante puisqu'elle aimait tant la
vie et qu'elle sut vivre magnifiquement !

Je n'ai eu d'elle qu'une image tardive, cré-
pusculaire et j'ai pourtant l'illusion de l'avoir
connue depuis toujours. Je l'ai vue dans tous
ses portraits et partout elle m'a semblé d'une
beauté différente tant elle était riche d'aspects
et d'expressions.

Mais je la veux dire telle qu'elle m'est
apparue et la voici :

Le visage à peine marqué de rides, les cheveux abondants colorés de henné, ces admi-
rables yeux gris d'une fascinante lumière, ses
vêtements où quelques recherche de couleur
anime toujours la ligne, ses colliers, ses brace-
lets et ses bagues pittoresques et singuliers, sa
démarche souple. Jamais je n'ai songé qu'elle
put devenir une « vieille dame ». J'ai si
souvent entendu fuser son rire ! Elle revivait

toute sa vie en la contant. J'ai su par elle comment sont des pays où je n'irai jamais, comment furent des hommes que personne ne connaîtra plus. Elle avait lu tous les livres mais n'en aimait qu'un petit nombre ; entre tous « *Les Fleurs du Mal* », de quelles mains pieuses le jour où elle me l'a montré, elle touchait ce coffret persan de bois peint que Baudelaire avait légué à Banville et qui plus tard échut à Rochegrosse ! Elle avait connu ou entrevu Lecomte de Lisle, d'Aurevilly, Hérédia, Glatigny, Verlaine, Rimbaud, Mallarmé... Et toujours sur l'homme et sur l'œuvre elle avait un jugement précis, incisif ou quelquefois l'anecdote savoureuse. Certaine fin de diner ou tel après-midi de dimanche à l'atelier furent égayés de sa verve et de ses histoires : le dialogue inouï de Madame de Banville et de Glatigny, le bain de Paterne Berrichon, l'aventure de Rimbaud, ou les mots de l'exquis Mallarmé...

Et je n'ai pas encore tracé le trait le plus troublant de cette image nombreuse. Elle avait été élevée à Alger. Les spectacles de son enfance lui imposèrent une âme orientale, une âme sensuelle, artiste et profonde. Elle aima toujours la terre africaine. Aucun pays ne lui parut plus beau et elle y voulut laisser sa dépouille légère. Comme ces fleurs tropicales qui ne vivent qu'en serre chaude, enmitouflées elle était toujours enveloppée de laine et ne se trouvait à l'aise que lorsque soufflait le vent brûlant du sud.

Nous étions réunis dans le jardin par un après-midi incandescent. Elle est allée chercher le voile de Tanit, le zaïmph qu'elle avait autrefois composé pour l'illustration de *Salammbô*. L'insuffisante description de Flaubert, l'absence de documents sûrs, l'avait obligée à ne s'inspirer que de l'intuition érudite de Rochegrosse et de sa propre fantaisie. Nous avons déployé le voile à l'endroit où les colonnes puniques circonscrivent un espace circulaire. Les figures barbares des dieux, les plumes multicolores, les verroteries et les paillettes étincelantes en faisaient un étrange et somptueux talisman.

Sous la vive lumière que versait le ciel, il
s'animait. Et il ne semblait plus effrayant mais
favorable. Il surgissait splendide du fond des
âges, comme le signe d'une immortelle présence. Aucune autre que vous, Meryem,
n'aurait su ravir le manteau sacré au temple
de la Déesse !

Rochegrosse m'avertissait un matin que
Marie fatiguée ne viendrait pas à l'hôpital et
m'invitait à aller la voir. J'accourus. Pauvre
mère Geo ! Son cœur battait à un rythme
affolant, puis s'arrêtait par intervalles. Son
angoisse était extrême et ses yeux suppliaient.
Je la calmai. Son cœur se ralentit et se remit à
battre régulièrement.

Elle demanda — car l'été commençait — à
aller faire sa cure d'immobilité à Sidi-Ferruch.
Elle aimait ce large et calme paysage. La petite
villa : Dar en Nour, la maison de la lumière,
trempe presque ses pieds dans la mer et profile
sur l'azur ses deux blanches koubas sommées

du croissant. De la terrasse, la malade découvrait la baie tranquille fermée au nord par deux îlots rocheux et à l'est par la côte recourbée, la plage et la forêt, la ligne basse des collines et l'Atlas et le Chenoua. Aux différentes heures du jour, ses yeux suivaient les jeux subtils de la lumière sur l'eau, les arbres, les montagnes et les nuages. Quelquefois un vol de flamants roses passaient en longue file ou en triangle dans le ciel pâle du matin. Tous les soirs le soleil déclinant offrait de merveilleuses fêtes. C'était l'heure où recueillis nous regardions mourir les dernières clartés sur l'eau cuivrée, rouge, rose ou grise et s'assombrir doucement l'air bleu. Un soir sa voix s'éleva dans le silence : — « Père Geo, tu devrais peindre toutes les robes de la mer. Elle ne met jamais la même. »

●

Convalescente, elle voulut revenir à Alger, retourner à son cher hôpital. Elle reprit un moment auprès de moi son rôle généreux et patient. Elle fléchissait. mais elle s'obstina. Elle ne considérait pas sa tâche comme terminée. Elle croyait que la volonté peut animer un cœur débile. Ce fut son dernier effort, il eut la grandeur d'un sacrifice.

Alger, 5 mai 1921.

MARIE ROCHEGROSSE

par

JULES PERRIN

Voir quelqu'un pour la première fois... Je suis de ceux qui, devant ce fait si simple, éprouvent une angoisse délicieuse, pleine de mystère.

D'abord je n'y ai trouvé que l'émotion naturelle à l'être humain, curieux de nouveau, heureux d'élargir sa sensibilité, et ce fut cette joie sans mélange comme sans limites, que je ressentis la première fois que je vis Marie Rochegrosse. C'était il y a tant d'années déjà ! dans ce grand atelier que l'ingénieuse fantaisie du peintre avait décoré avec tant d'étoffes joyeuses, d'armures, de tapis, de meubles pour servir de cadre à l'immense toile sur laquelle sa fougue avait sitôt fait d'harmoniser les couleurs de sa furieuse palette. A mon nom affectueusement prononcé par Georges Rochegrosse, je vis s'avancer cette majestueuse, cette surprenante et vraiment magique créature qui m'accueillit, avec ses belles mains tendues en m'éblouissant d'admiration et de joie.

De ce jour, j'ai vécu près d'elle, admis dans la familiarité de sa maison, dans le cercle très étroit de son intimité; de ce jour également date pour moi l'espèce de ferveur un peu épouvantée avec laquelle je commençai de la classer comme un être à part dans l'ambiante humanité.

Voici pourquoi.

L'expérience aidant, j'ai bien été forcé d'accepter comme tout le monde la loi de déformation, l'attentat incessant des jours qui viennent sans pitié modifier en nous l'image une première fois perçue de tous les êtres dont le contact nous émeut et nous intéresse jusqu'à l'effacer parfois en nous faisant perdre même la possibilité de l'évoquer en notre souvenir telle qu'elle fut dans sa première dans sa saisissante nouveauté. L'odieuse habitude ! Ce n'est pas seulement la raison que, selon le mot du poète, elle supplante en nous, c'est notre sensibilité toute entière qu'elle use, qu'elle polit, qu'elle endort et déconforte dans son incessant travail de gratte-bossage. Et s'il ne s'agissait que d'apparence..! s'il ne s'agissait que de cette beauté plastique dont l'usure a fini par nous sembler naturelle, si juste même que s'en indigner est devenu superflu, voire déraisonnable et quelque peu ridicule..... Mais comment se peut-il que l'âme humaine affamée de durée, éprise de l'immortel, demeure inapte à conserver en elle-même, hors de l'atteinte du temps et des déformations de l'expérience les formes pures et neuves de sa sensibilité les impressions premières de ses contacts spirituels, cette fraîcheur toute sentimentale des initiations de son expérience, cette espèce de « style » enfin qui, tout de suite et avec une si puissante soudaineté, caractérise non seulement à nos yeux, mais dans notre esprit, la créature humaine une première fois affrontée ? Ce que tout de suite elle représenta pour nous, cette créature une minute auparavant inconnue et dès maintenant

familière, l'expérience journalière n'en respec-
tera pas plus l'imagination que l'image et jamais
hélas ! nous la reverrons adéquate à la forme
spirituelle qu'un premier contact avait construite
dans notre esprit. Il semble que la grande loi
d'universelle et perpétuelle usure atteigne ainsi
jusqu'au plus secret arcane de l'entendement
humain.

Eh bien, pourtant, à cette loi d'usure je
connais une exception sous cet égalitaire niveau
de déformation sensible un être au moins aura
refusé de passer. C'est Marie Rochegrosse. Je
l'atteste, en persistant à m'en étonner comme
d'un miracle, jusqu'à notre dernière rencontre
à la veille de l'horrible guerre qui m'a séparé
d'elle, je l'ai toujours revue de même dans son
charme inusable, avec le même impressionnant
émoi de surprise heureuse et éblouie.

Je le répète, il ne s'agit point, dans ce que
je veux dire, de sa persistante beauté. Belle,
certes, elle fut et le demeura magnifiquement,
avec son corps de déesse, sa puissante chevelure et ses yeux dominateurs où il y avait de

l'or... " Pour être beau, me dit-elle un jour, il faut aussi le vouloir ". Et certes, elle le voulut. Ce n'est pas non plus le prestige de sa haute intelligence, de son esprit opulent. Non. Quand je dis que je l'ai vue toujours égale à elle-même, il s'agit de ce charme de nouveauté, tellement en dehors de l'humaine usure, ce charme d'inconnu qui, chez tous les autres, s'effrite et s'atténue au cours de l'expérience, comme sous les doigts s'éparpille la poussière d'or et de couleur qui diapre les ailes des phalènes, et qui chez elle, magiquement était inaltérable.

Est-ce à dire qu'elle fut distante, sans laisser aller ni familiarité d'aucune sorte ? Pas le moins du monde, et combien ceux qui l'ont connue en peuvent évoquer de ces heures de gaîté spontanée et quasi enfantine où comme tous les artistes elle aimait à exagérer l'expression de sa fantaisie. Et c'est justement parce que je me les rappelle, ces heures d'outrancière gaîté que je demeure frappé, de ce contraste, et de cette opposition : qui donc, à se livrer ainsi, n'eût entamé ce fragile vernis dont je

parle et diminué sa puissance de nouveauté ?
Cependant en la retrouvant, *elle*, le lendemain
même de ces jours de joie familière, je retrou-
vais en face de ses larges yeux, devant l'arc
impérieux de sa bouche dominatrice, la même
« originalité » d'impression, le même émoi de
« première vue » au contact d'une créature
d'élite dont le charme est constant, si loin que
nous fussions de notre première rencontre dans
l'atelier plein d'étoffes, d'armes curieuses et
d'odeurs de peinture, je l'abordai toujours avec
la même surprise heureuse, la même joie de la
trouver si belle. Je n'ai ressenti cela qu'en
présence des grandes figures d'art, devant les
Jocondes et les Vénus de marbre dont les
images dominent le temps en défiant son
atteinte.

Evidemment l'empreinte de cette image si
réelle, si vivante, se marquait dans nos cerveaux
avec une violence que tant d'autres sont im-
puissantes à produire ; mais c'est là une consta-
tation, non une explication.

Et j'aurais voulu m'expliquer cela. Dans cette

existence de travail acharné qu'elle partageait avec l'artiste dont elle fut la conseillère et l'inspiratrice si adroite et si réservée, elle représenta pour lui tant de grandes héroïnes, de si hautes allégories qu'on pouvait être tenté de la faire participer à l'immortalité des figures qu'elle incarnait avec une telle intelligence et tant de beauté souveraine. Mais quelle misérable suggestion c'eût été encore, combien injurieuse même pour une femme dont la personnalité s'affirmait si puissamment si parfaitement qu'il faut reconnaître plutôt l'esprit de condescendance qu'elle mit à représenter des princesses comme Médée ou Salammbô. D'ailleurs avec quelle perfection intuitive et plastique ! Déesse et reine tour à tour, elle fut tout l'Olympe et toute l'Histoire, pour la joie des yeux et de l'esprit, dans les attitudes de son corps magnifique comme dans son expression spirituelle. A la voir, somptueuse et grave, s'avancer en reine de Saba, combien de fois la pensée me vint de lui demander : « Vous l'avez donc connue ? » Peut-être ai-je eu peur de la

croire si elle m'avait, silencieusement, en abais-
sant ses paupières sur ses yeux de pierreries,
fait le signe affirmatif que je redoutais.

En tout cas, toutes les impératrices et les
déesses, elle en savait l'histoire et la légende,
sinon par le souvenir, du moins par l'étude;
car sa culture se devinait immense, et elle en
suggérait la qualité par de petites allusions dis-
crètes, sans jamais s'appesantir en le moindre
semblant de pédantisme. C'est, en somme, dans
cette réserve, dans ses demi-silences, dans cet
aristocratique parti-pris de réticence que j'ai
fini par trouver l'explication que je cherchais.

Si, toutefois, c'en est une; car elle consiste
à s'incliner devant l'incompréhensible. Ayant
gardé le souvenir vivant de Marie Rochegrosse,
j'ai évoqué ses hautaines allures; son discret
sourire, l'intuitive lumière de ses regards, son
intelligence si volontiers taciturne à certaines
heures où, devant certains problèmes, elle semblait savoir et ne vouloir rien dire, cet air
qu'elle eut, pour moi comme pour d'autres qui
me l'ont dit, de détenir un secret et ne point

vouloir le révéler... et j'ai fini par penser que dans cette magicienne il y avait de la magie.

Quelle apparition aura-t-elle été pour nous? Quelle vertu héroïque s'était incarnée en elle? Il y a là du mystère et, quand on a vu la vie, quand on fini par comprendre de combien de mystères elle est faite, la curiosité se résigne devant l'inconnaissable. Nous avons connu, nous avons aimé cette femme étrangement belle et *innombrable*, pure des habituelles tares humaines, exceptionnellement complète et ayant, à la façon d'un chef-d'œuvre de l'art, vécu dans un présent incessant; elle a disparu dans son charme intégral, parce que la vie humaine où elle consentit la condamnait à ne pas durer plus qu'il n'est normal : elle n'est venue que pour faire comprendre à ceux qu'elle a bien voulu aimer ce qu'est l'impérissable valeur de l'esprit et de la beauté.

Elle a rejoint le mystère d'où elle venait. Elle y rayonne et nous y attend.

DJENAN MERIEM

par

JEAN BOUCHOR

Tous les jours.

Le silence se traîne entre le vide des colonnes.
La pluie tombe doucement sur les froids chry-
  santhèmes.
Entre deux nuages, un rayon de soleil vient
  jouer avec le petit chat,
Mais le rayon se retire de ses pattes.
Tous, dans l'atelier, au jardin, ou dans la maison,
Nous travaillons sans parler.
Mais chacun de nous, souvent, s'arrête :
Et le travail est interrompu par l'absence.

II

La maison en ordre.

La journée n'a pas été bonne.
La douleur a tourné autour de la maison et
    frappé à toutes les portes ;
Et le désespoir était dans la cour et dans les
    chambres,
Même après que l'obscurité se fut emparée
    des lumières.
L'âme de la maison est inquiète et souffre.
Alors, la porte, du côté de l'Est, s'est ouverte
    et vous êtes apparue
Comme quelqu'un qui s'est levé hâtivement.
Ayant posé sur votre tête un châle que votre
    main retient sous le menton.
Vous êtes entrée. Vous avez passé dans toutes
    les chambres...
Et, dans la cour, avant de refermer la porte
    derrière vous,
Vous avez écouté l'apaisement revenu.

———

Marraine, vous avez ouvert sur vos genoux
Le livre où j'ai appris à lire.
Les préceptes paraissaient simples et doux à
    suivre ;
Et votre doigt traçait une ligne
Qui était une vie charmante,
Légère à la Terre, comme au Ciel
Les lignes entrecroisées du vol des oiseaux.
En marge de la vie continuelle,
Vous aviez fait de l'Art et de la Morale
Les illustrations souriantes de ce livre.
Vous m'avez guidé parmi tout ce qui,
Sans vous, eût blessé
L'inquiétude de mon enfance ;
Car les enfants aiment la douceur de la voix
    qui les appelle
Et la beauté du visage qui les regarde.

La vie était, sous votre doigt,
Belle comme une merveilleuse histoire.
Vos paroles se gravaient sur les pages ;
Mais la plus belle histoire était dans vos yeux,

Vos yeux pâles levés plus loin que le livre
Que mon regard quittait, pour suivre,
Avec vous, ce qui faisait vos yeux si beaux ;
Et c'est à eux, à eux que je demandais,
N'attendant pas du livre la suite de l'histoire :
        — Alors ? Marraine...

Je n'ai pas fermé le livre ;
Je n'en ai plus tourné les pages ;
Sur la dernière, où s'est posé votre regard,
Ma tête se penchera pour dormir.
Je croirai aux choses auxquelles vous avez cru,
J'aimerai celles que vous avez aimées,
Parce que vous y avez cru,
Parce que vous les avez aimées.
Et puisque vous avez laissé derrière vous
Votre image inconsolable,
Ma douleur, lorsqu'elle ira vers vous,
A côté de la sienne marchera
En lui donnant la main,
Comme à côté d'un plus grand frère,
Un plus petit.

Là-bas.

Non beaucoup de choses, mais une
Dite en secret et portée jusqu'à vous par le
    silence,
Afin qu'elle ne blesse pas des oreilles lointaines.
Votre secret a doucement répondu :
    Mon enfant, mon enfant !
Au mien qui demandait :
    Marraine, Marraine ?

———

Achevé d'imprimer

le 30 Septembre 1922

par

H. Baguenier Desormeaux et Cie

à Paris

www.ingramcontent.com/pod-product-compliance
Ingram Content Group UK Ltd.
Pitfield, Milton Keynes, MK11 3LW, UK
UKHW022047170726
13837UKWH00002B/834